晚期 | 石炭纪 | 二叠纪 | 三叠纪 | 侏罗纪 | 白垩纪 | 第三纪
中生代 | 新生代
裸子植物 | 被子植物 | 开花植物
针叶树 | 苏铁和银杏
爬行类 | 恐龙 | 鸟类 | 哺乳动物

0,000　250,000,000　200,000,000　150,000,000　100,000,000　50,000,000

冰川期：大约 1,000,000 年前
出现人类的年代：大约 25,000 年前

大师名作绘本系列

生命的故事

[美]维吉尼亚·李·伯顿 著/绘

郝小慧 译

中原出版传媒集团
中原传媒股份公司

大象出版社
·郑州·

图书在版编目（CIP）数据

生命的故事 /（美）维吉尼亚·李·伯顿著、绘；郝小慧译．— 郑州：大象出版社，2019.4
（大师名作绘本系列）
ISBN 978-7-5711-0140-4

Ⅰ．①生… Ⅱ．①维… ②郝… Ⅲ．①儿童故事－图画故事－美国－现代 Ⅳ．① I712.85

中国版本图书馆CIP数据核字（2019）第 038844 号

大师名作绘本系列

生命的故事

SHENGMING DE GUSHI

[美] 维吉尼亚·李·伯顿　著/绘

郝小慧　译

出 版 人	王刘纯
选题策划	智趣文化
责任编辑	张韶闻
责任校对	裴红燕
美术编辑	王晶晶
装帧设计	许文静
出版发行	大象出版社（郑州市郑东新区祥盛街27号　邮政编码 45
	发行科　0371-63863551　总编室　0371-65597936
网　　址	www.daxiang.cn
印　　刷	小森印刷（北京）有限公司　电话：010-80215076
经　　销	全国新华书店
开　　本	787mm×1092mm　1/12
印　　张	7
版　　次	2019年4月第1版　2019年4月第1次印刷
定　　价	42.80 元

若发现印、装质量问题，影响阅读，请与承印厂联系调换。

节目单

生命的故事

维吉尼亚·李·伯顿

生命的故事

从起源到现在发生在地球上的生命的故事。

讲述者：一个天文学家，一个地质学家，一个古生物学家，一个历史学家，一个老祖母，还有维吉尼亚·李·伯顿

剧中动物演员
（按出场顺序排列）

三叶虫
头足类
海蝎子
鱼类
两栖动物
爬行动物
恐龙
鸟类
哺乳动物
人类
家畜

剧中植物演员
（按出场顺序排列）

海藻
苔藓类植物
蕨类植物
石松
马尾草
鳞木
针叶树
苏铁树
开花植物
草类
栽培植物

其他演员：原生动物，海绵动物，海蜇和珊瑚虫，蠕虫（圆的、扁的、分段的），腕足类，海百合与海星，软体动物，蟹，龙虾，千足虫，蜘蛛和昆虫，细菌，真菌类，地衣。

（注：舞台上所有的动物和植物都被画成了和旁白者一样大小。）

目 录

序幕

    第一场　我们的星系——银河系 ………………………… 1

    第二场　我们的太阳和它的行星 ………………………… 3

    第三场　我们的地球和月亮 ……………………………… 5

    第四场　最早的岩石——岩浆岩 ………………………… 7

    第五场　变质岩 …………………………………………… 9

    第六场　沉积岩 …………………………………………… 11

第一幕

  古生代时代

    第一场　寒武纪海洋里的生命 …………………………… 13

    第二场　奥陶纪浅海中的生命 …………………………… 15

    第三场　志留纪海岸边的生命 …………………………… 17

    第四场　泥盆纪海岸上的生命 …………………………… 19

    第五场　石炭纪沼泽中的生命 …………………………… 21

    第六场　二叠纪沙漠里的生命 …………………………… 23

第二幕
中生代时代
第一场　三叠纪河流边的生命 25
第二场　侏罗纪湿地上的生命 27
第三场　白垩纪海洋和湖泊间的生命 29
第四场　白垩纪山地上的生命 31

第三幕
新生代时代
第一场　古新世和始新世森林中的生命 33
第二场　渐新世低地上的生命 35
第三场　中新世平原上的生命 37
第四场　上新世中的生命 39
第五场　冰川期中的生命 41

第四幕
全新世时代
第一场　史前人类的生活 43

第二场　历史上人类的生活 ………………………… 45
第三场　早期定居者的生活 ………………………… 47
第四场　农耕黄金时代的生活 ……………………… 49
第五场　农耕时代的衰退 …………………………… 51

第五幕
当代生活
　　第一场　夏季生活 …………………………………… 53
　　第二场　秋季生活 …………………………………… 55
　　第三场　冬季生活 …………………………………… 57
　　第四场　早春生活 …………………………………… 59
　　第五场　春季的一个上午 …………………………… 61
　　第六场　春季的一个午后 …………………………… 63
　　第七场　夜晚生活 …………………………………… 65
　　第八场　新一天的黎明 ……………………………… 67

尾声 ………………………………………………………… 69

亿万年前，我们的太阳诞生于
一个由数以亿计颗星星组成的星系，
那就是我们所在的银河系。
银河系只是百万亿在太空中运转的星系之一，
所有这些星系组成了宇宙。
我们的太阳不是最大的星球，也不是最小的，
但是对于我们来说它是所有星球中最重要的——
因为如果没有了来自太阳的光和热，
我们的地球上就不会有生命存在。

我们的星系,银河系

我们的太阳

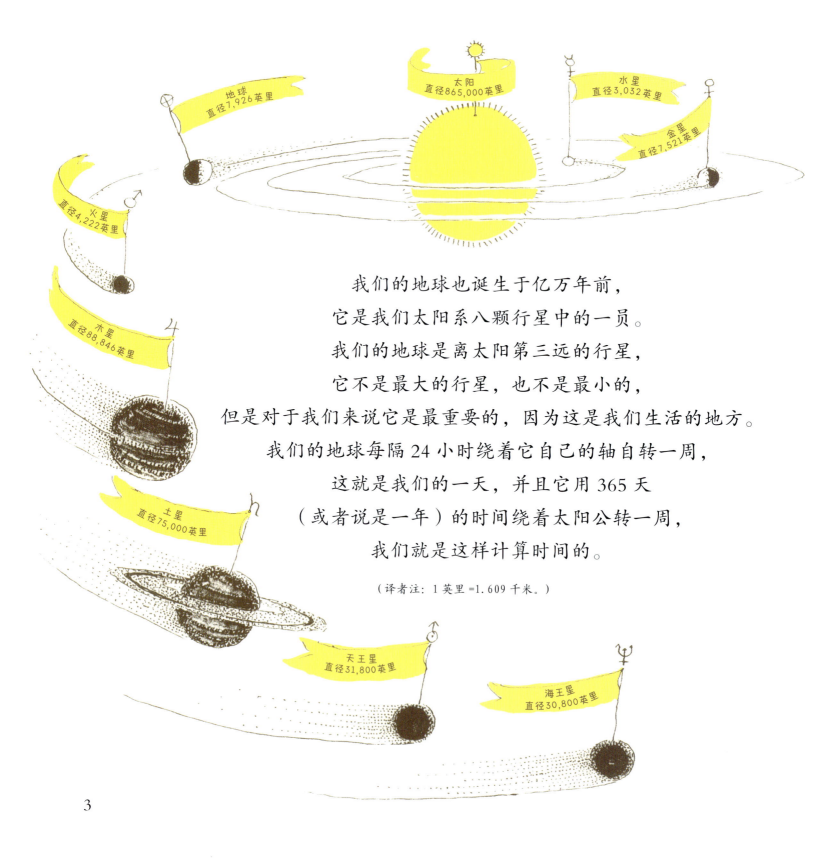

我们的地球也诞生于亿万年前，
它是我们太阳系八颗行星中的一员。
我们的地球是离太阳第三远的行星，
它不是最大的行星，也不是最小的，
但是对于我们来说它是最重要的，因为这是我们生活的地方。
我们的地球每隔 24 小时绕着它自己的轴自转一周，
这就是我们的一天，并且它用 365 天
（或者说是一年）的时间绕着太阳公转一周，
我们就是这样计算时间的。

（译者注：1 英里 =1.609 千米。）

数十亿年前
我们的地球还是一个由某种物质组成的炽热的大红火球——
被大量的烟尘云和旋流气体所包围——
当它围绕太阳旋转的时候,它在太空驰骋而过的速度是
每分钟1100英里,即每小时66,000英里。
而关于我们的月亮是怎样诞生的,有着各式各样的理论。
有的说它曾是我们地球的一部分,脱离地球后飞到了太空中,
有的说它是由某些物质形成的一个较小的独立的星球,
但是没有人能真的说清楚,因为那里从来没有过人类。
不管怎样,我们的月亮大概每隔一个月就绕着地球旋转一周,
或者确切地说,是每隔29 ½ 天。

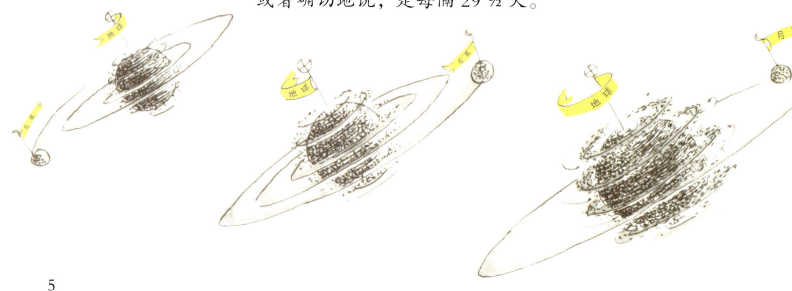

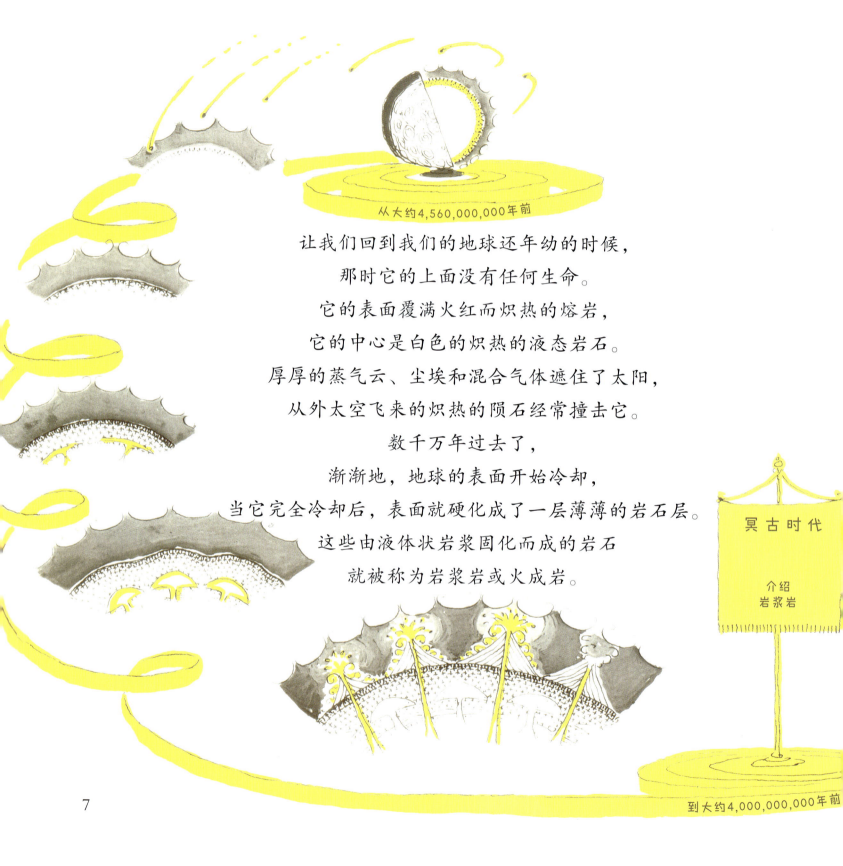

从大约4,560,000,000年前

让我们回到我们的地球还年幼的时候，
那时它的上面没有任何生命。
它的表面覆满火红而炽热的熔岩，
它的中心是白色的炽热的液态岩石。
厚厚的蒸气云、尘埃和混合气体遮住了太阳，
从外太空飞来的炽热的陨石经常撞击它。
数千万年过去了，
渐渐地，地球的表面开始冷却，
当它完全冷却后，表面就硬化成了一层薄薄的岩石层。
这些由液体状岩浆固化而成的岩石
就被称为岩浆岩或火成岩。

冥古时代

介绍
岩浆岩

到大约4,000,000,000年前

从大约4,000,000,000年

来自地心的热量引起了地球地壳的变动，
这样就形成了雄伟的高山、低矮的山谷和深深的盆地。
古老的岩石被挤压、推移和上下折叠，
热量和压力又使它们转变成为另一种形态的岩石，
叫作变质岩，意思是"形态转变中的岩石"。
浓厚而密集的蒸气云仍然遮蔽着太阳，
这个时候也许已经出现了生命，
但是至今为止还没有有关这方面的线索。

太古时代
[最古老的生命]

介绍
变质岩

到大约2,500,000,000年前

从大约2,500,000,000年前

不知从什么时候开始,
云层开了——大雨倾盆而下,
落在已经冷却的地球表面,
填满了广阔的盆地,冲刷着雄伟的高山,
河流和小溪携带着小块的岩石顺流而下,
并把它们带入海洋深处沉积下来。
最终,这一层层沉积下来的沙子、碎石和黏土
就硬化成了另一种岩石,被称作沉积岩。
这时已经有了生命,
正如古生物化石所记录的那样,
一些具有微小细胞和化学性质的微生物出现在了地球上。

远古时代
[早期生命]

介绍
沉积岩

到大约542,000,000年前

序幕 第六场

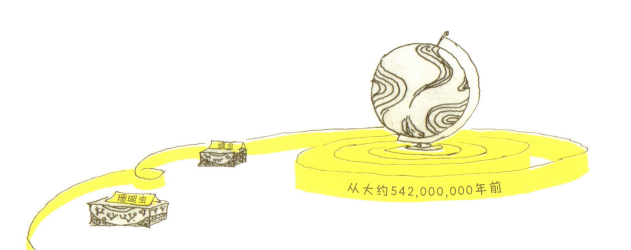

这一幕是在水下展开的。

故事源于一块在几十亿年前的沉积岩中所发现的古生物化石。

这个时期所存在的古老的生命是由一些海洋植物

和一些被称作无脊椎动物的没有脊骨的小动物组成的。

这些古老的动物中最高级的就是三叶虫，

它们统治了海洋大约1亿年的时间。

从大约490,000,000年前

生命在温暖的滩涂中继续绵延生息。
尽管三叶虫仍然存在，
但是它们的统治已经结束了。一些其他种类的无脊椎海洋动物，
比如头足类海洋动物，现在占据了统治地位。
"头足类"这个名字简单地理解就是"头上有脚"，
我们今天能看到的乌贼和章鱼就属于这个大族群。
鱼，这种起初在寒武纪海洋中出现的动物，
变得越来越多，种类越来越丰富。
小地衣和单一的苔藓类植物开始出现在陆地上，
那就是植物世界的起源。

蜂窝状珊瑚和角珊瑚

头足类动物

古生代时代
[古生物]

奥陶纪时期

到大约444,000,000年前

从大约444,000,000年前

这一幕的景色发生了变化，
因为陆地开始渐渐凸起了。
海洋开始退却和蒸发，留下大量的盐沉积下来。
在陆地上，古老的苔藓类植物中
开始出现了最早的蕨类植物和种子植物，
而这些植物后来覆盖了整个大陆。
头足类动物的数量变得越来越少，形状也变得越来越小，
海蝎子开始在海洋中占据统治地位。
更多的鱼在这一幕中出现——
那就是最初的有脊骨的动物，
被称作脊椎动物。

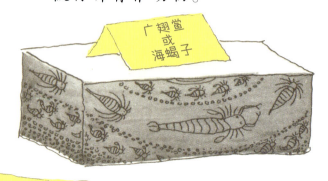

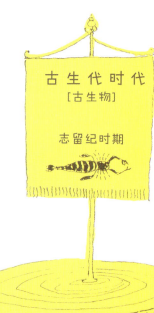

古生代时代
[古生物]

志留纪时期

到大约416,000,000年前

从大约416,000,000年前

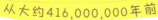

陆地植物越来越繁茂，

给我们一度光秃秃的地球披上了绿衣。

在这一时期，蕨类植物首次亮相，

还有早期的马尾草、石松和鳞木。

这些植物不再是紧紧地趴伏在地面上，

而是开始有了自己的根系、枝干和叶子，

开始挺直腰杆主动去接近那给予万物生命的源头——

来自太阳的光和热。

海洋、湖泊、河流和小溪中都挤满了鱼——

大鱼，小鱼，还有中等大小的鱼。

有一些甚至开始有了能呼吸的肺，

并从滩涂中爬了出来，爬到了陆地上的水坑里。

于是，在这一阶段的晚期，最初的陆地脊椎动物出现了。

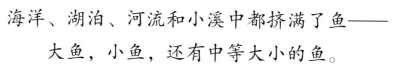

古生代时代
[古生物]

泥盆纪时期

到大约359,000,000年前

从大约359,000,000年前

尽管在这个阶段地球还处于冰川期，
地球上还有一些地方是冰川，
但这个时期这个星球的大部分面积已被陆地所覆盖，
气候温暖而潮湿，地球上到处都是大片的沼泽林，
这个时期被称作植物形成期或煤炭形成期，
因为我们今天所使用的绝大部分煤炭都是由这些古老的植物转变而成的。
两栖动物，脊椎动物的另一个种类，在这一时期开始出现了。
这种动物在幼年时生活在水中，到了成年阶段就可以生活在陆地上，
就像我们现在看到的青蛙一样。
另外，在这个时期开始出现了昆虫，并且种类越来越丰富。

古生代时代
[古生物]

石炭纪时期

到大约299,000,000年前

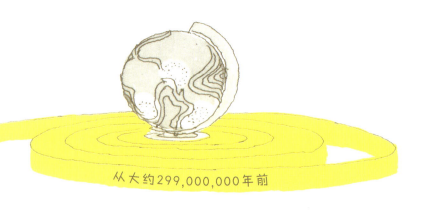

从大约299,000,000年前

巨头螈

蜥螈

蜥面龙

这一时期，山脉和火山隆起得越来越高，
北美大陆和欧洲大陆的气候变得越来越干燥，
所有的生命为了使自己能够适应并生存下来，不得不做出改变。
耐寒而强壮的针叶树代替了在沼泽中生长的树木，
陆地爬行动物取代了两栖动物，
爬行动物在陆地上产下有硬壳的蛋，而两栖动物是在水中产卵。
在这一时期的晚期，地球上出现了一场大的灾难，
可能是由火山大量爆发所引起的，
地球上的动物开始大量灭绝。

楔齿龙

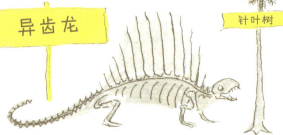

古生代时代
[古生物]

二叠纪时期

基龙

异齿龙

针叶树

注：
红色的为食肉类爬行动物。
绿色的为食草类爬行动物。

到大约252,000,000年

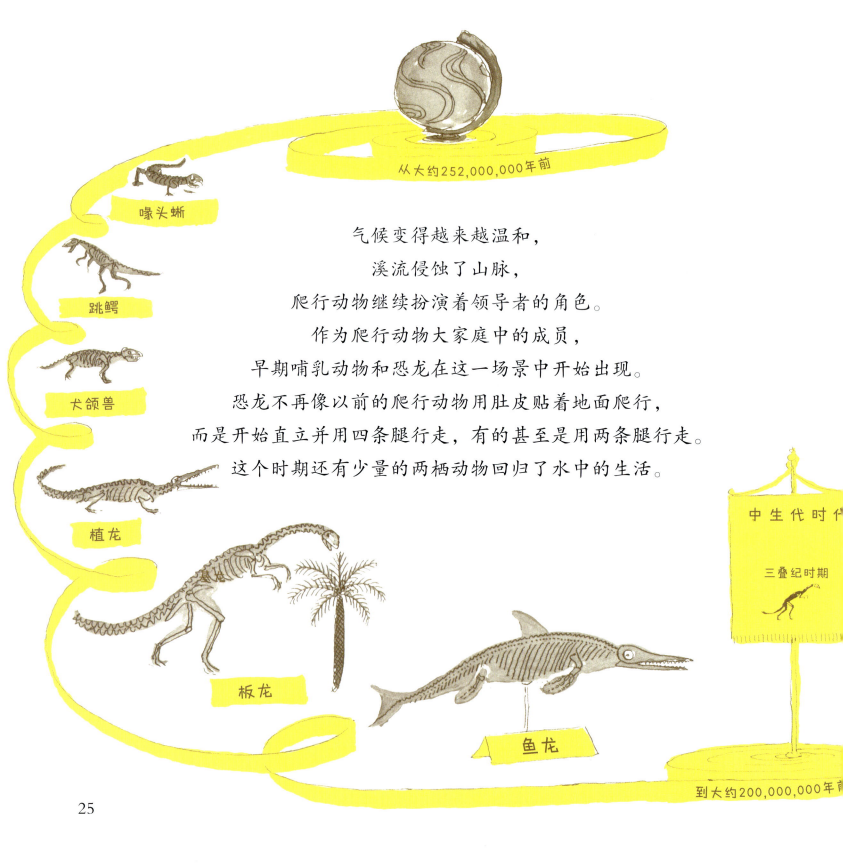

从大约252,000,000年前

喙头蜥

跳鳄

犬颌兽

植龙

板龙

鱼龙

气候变得越来越温和，
溪流侵蚀了山脉，
爬行动物继续扮演着领导者的角色。
作为爬行动物大家庭中的成员，
早期哺乳动物和恐龙在这一场景中开始出现。
恐龙不再像以前的爬行动物用肚皮贴着地面爬行，
而是开始直立并用四条腿行走，有的甚至是用两条腿行走。
这个时期还有少量的两栖动物回归了水中的生活。

中生代时代

三叠纪时期

到大约200,000,000年前

气候再度变得温暖而潮湿，
一些食草类恐龙的体形变得更加庞大，
有的还长出了鳞甲，以防御它们的食肉类同胞。
一些爬行动物学会了如何飞行，真正意义上最初的鸟出现了。
这个时期地球上还出现了一些小型哺乳动物，
但它们只是占了很小一部分。

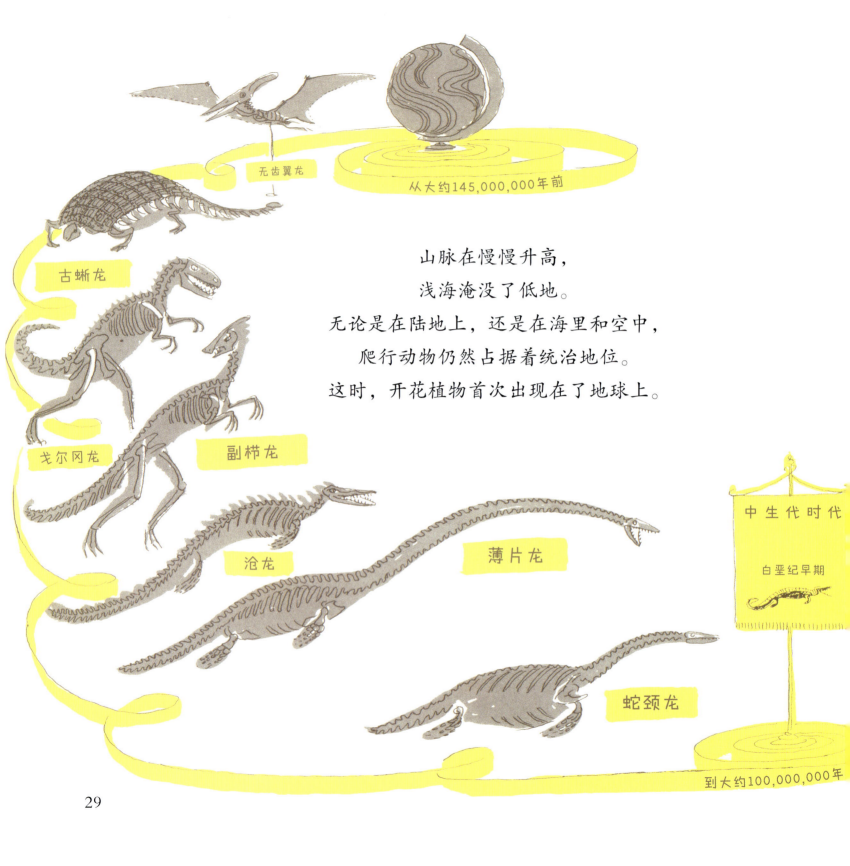

黄昏鸟　古海龟

从大约100,000,000年前

山脉继续升高,
气候开始变得越来越冷,浅海逐渐后退。
据说,在白垩纪的最后一段日子,
一颗直径大约 10 千米的流星击中了地球。
这场灾难性事件造成了恐龙物种的灭绝,
所以我们现在除了能在自然博物馆中看到恐龙化石,
在地球上再也看不到任何一只恐龙了。

似驼龙

戟龙

三角龙

霸王龙

冠龙

中生代时代

白垩纪晚期

到大约65,000,000年前

新的一幕拉开了……
气候变得闷热而潮湿。
茂密的热带森林覆盖了绝大部分陆地，
少量幸存下来的爬行动物族群已退居次要角色，
现在占据统治地位的是鸟类和哺乳动物。
哺乳动物抚养并照顾它们的幼崽长大，
直到它们能够自己照顾自己。
鸟类和哺乳动物都是恒温动物，
而其他的动物都是变温动物。

从大约34,000,000年前

渐新马
（三趾马）

岳齿兽类

伪剑齿虎
（早期剑齿猫科动物）

这时，气候变得凉爽干燥了一些。
真正意义上的草冒了出来，而且逐渐蔓延，
它们也是开花植物大家庭中的一员。
哺乳动物在这时繁衍发展出了众多的种类，
尽管它们可以说是我们现在这些哺乳动物的祖先，
但是如果把它们放在现在，我们恐怕很难认出它们。

三角齿犀
（犀牛的祖先）

古巨猪
（猪的祖先）

雷兽

新生代时代
古第三纪

渐新世时期

到大约23,000,000年

35

从大约23,000,000年前

并角鹿

草原古马

恐颌猪

气候又逐渐变暖。

草类植物蔓延的速度很快，大片开阔的平原取代了森林，

许多以前吃树叶的动物改成了以草为食，

哺乳动物的统治在这个时期达到了顶峰，

它们中的一些变得又高又大——

这个时期的陆地哺乳动物可以说是所有时期中体形最大的。

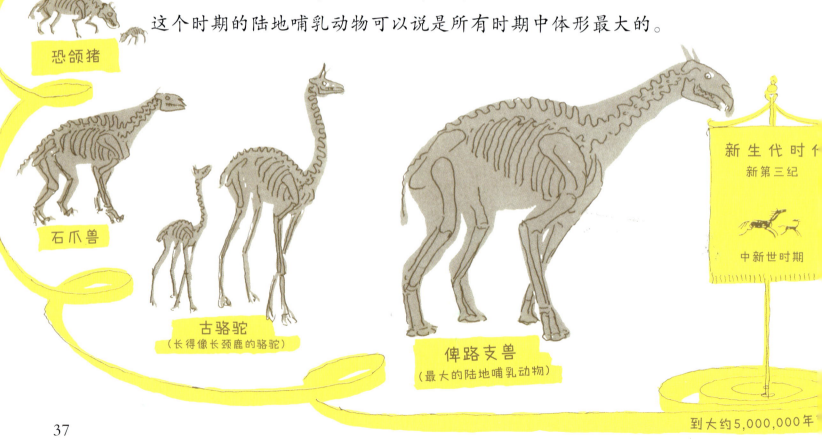

石爪兽

古骆驼
（长得像长颈鹿的骆驼）

俾路支兽
（最大的陆地哺乳动物）

新生代时代
新第三纪

中新世时期

到大约5,000,000年

第三幕
第三场

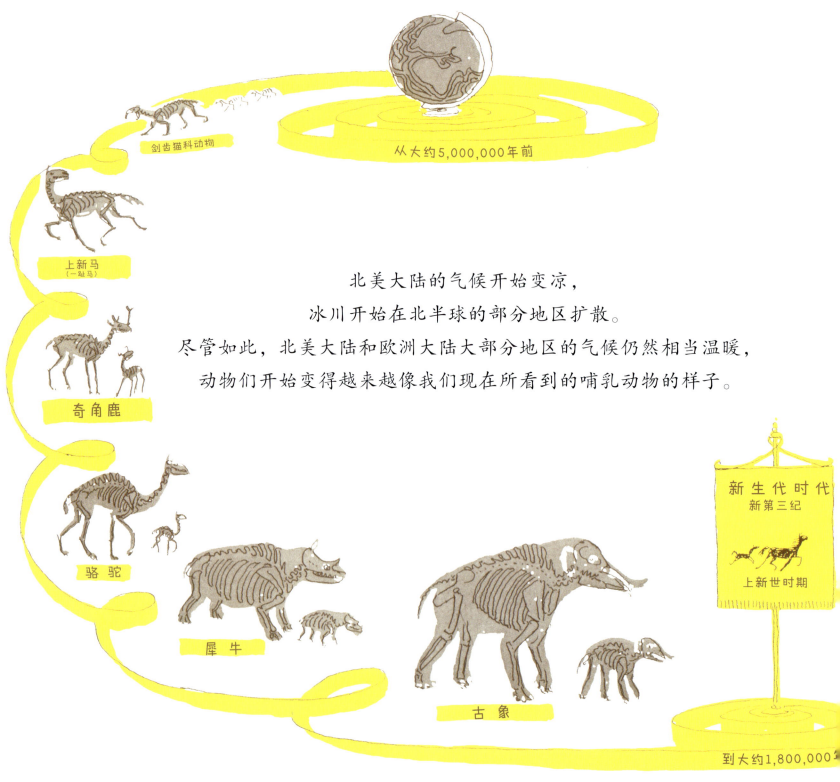

北美大陆的气候开始变凉,
冰川开始在北半球的部分地区扩散。
尽管如此,北美大陆和欧洲大陆大部分地区的气候仍然相当温暖,
动物们开始变得越来越像我们现在所看到的哺乳动物的样子。

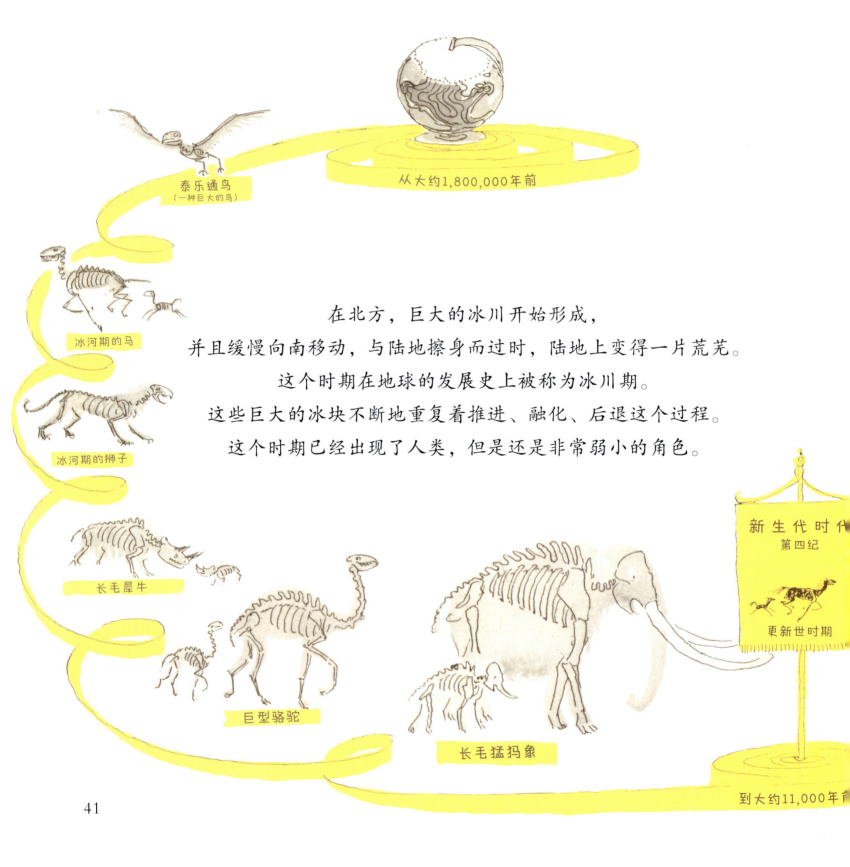

在北方，巨大的冰川开始形成，
并且缓慢向南移动，与陆地擦身而过时，陆地上变得一片荒芜。
这个时期在地球的发展史上被称为冰川期。
这些巨大的冰块不断地重复着推进、融化、后退这个过程。
这个时期已经出现了人类，但是还是非常弱小的角色。

从大约11,000年前

在这一幕中，人类走到了舞台的中央。
与其他生命在地球上出现并繁衍的漫长时间相比，
人类的出现可以说距离我们并不遥远。
史前人类生活在洞穴中并发现了火的用处，
他们能够制造工具，还能用石头或骨块制成武器，
他们靠猎取动物来获得吃穿，
还在洞穴的墙壁上画下了这些动物的样子。

新生代时代
全新世时期

人类的时代

从大约11,000年前

人类为了自己的需要，
学会了如何种植植物和驯养动物。
他们不再生活在洞穴中，而是建起了房屋，
生活在乡村、小镇和城市中。
他们还学会了怎样建造船只并在浩瀚的大海中航行。
随着语言的发展与进步，人类开始记录自己的历史，
历史学家们为我们讲述了那些灿烂古文明的崛起与衰落，
还讲述了新大陆的发现。

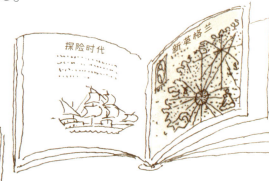

到大约400年前

从大约400年前

这就是新大陆上的场景。
那是它刚刚被发现后不久,
早期的定居者在这里平整土地,砍伐树木,
建起了小木屋。他们还用冰川期遗留下来的石块
建起了石墙,用来分隔土地。
从这个场景可以看出,早期拓荒者的生活是非常艰辛的。

到大约200年前

从大约200年前

在我们的曾祖父母年轻的时候，
美国主要是一个农业国家。
荒野变为了肥沃的农田，
农民们辛勤耕耘，靠土地谋生，
他们每天早早地起来给奶牛挤奶，给牲畜喂食。
在春耕的季节，他们开垦土地并种下庄稼；
在夏天，他们精心培育，除去杂草；
到了秋天，他们收获庄稼，
并把它们储存起来为冬天做准备。

到大约100年前

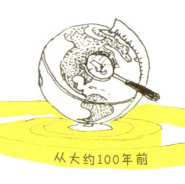

从大约100年前

现在，几代之后，
曾经茂密繁荣的农场被荒废了，
农民们有的去了西部，有的迁入了城市。
田野里长满了荆棘、灌木和大树。
所有遗留下来能够说明人类曾在这里生活过的
只有那些分隔土地的石墙和一些老苹果树了。

到大约25年前

从大约25年前

时间过得飞快,
自从我们买了老果园、牧场和林地,
并把我的小房子和工作室搬到它们中间,
一转眼又过去了二十五个夏天。
老苹果树都被修剪过了,树林也被清理一新,
我们还把羊群赶到了牧场,以使草势不再疯长。
我们种植了四季常青的植物和开花植物,
苔藓在奔流的小溪边生长。
我们在这里将我们的孩子抚养长大,
直到他们能够独立,开始自己的生活。

到大约1年前

季节从夏季转换到了秋季。

白天变得越来越短,而夜晚变得越来越长。

空气开始变得清爽,很快,初霜降临了,

植物们开始打蔫儿,绿色的树叶开始变红,变褐,变黄,

直到被风卷起,吹到地上。

只有那些顽强的四季常青的植物不会受到严寒的影响。

乔木和灌木将自己的汁液沉积在根部,好保持元气;

植物的种子开始脱落并随风播撒,为来年的生长做准备。

许多的鸟类都飞往了南方,以躲避即将到来的寒冬。

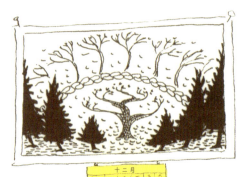

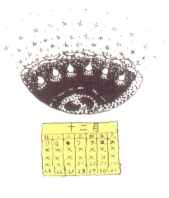
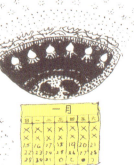

去年的冬天格外漫长而寒冷,
温度极低,寒风刺骨,还有随时都会到来的暴风雪。
即使太阳出来的时候,它散发的热量也极其有限。
在冰冻的土地下面,植物们正在枯叶和大雪的覆盖下冬眠——
休养生息,为即将到来的春天做准备。
渐渐地,白天变得越来越长了。

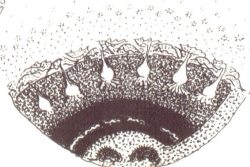

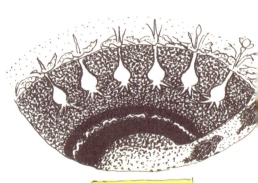

在春季的第一个月,
雪慢慢融化,大地开始解冻。
一天又一天,一个星期又一个星期,小草变得越来越绿。
温柔的细雨催开了早春的花朵,
树中的汁液在上升,树枝开始发出新芽。
在地面之下,去年的种子开始苏醒,
费力地将自己小小的嫩芽从土壤和枯叶中挤了出来,
去找寻那来自太阳的光和热。
而那些南下的鸟儿们呢,又飞回了自己的家乡。

昨天是值得记住的一天——

那是一个美丽而温暖的春日，

几乎可以看到植物每一刻正在生长的样子。

紧贴在岩石上的小地衣闪闪发亮，

天鹅绒般的苔藓覆盖着潮湿的地面，

蕨类植物挺直了身躯，张开了它们小巧的叶片，

新的嫩绿色针叶点缀在四季常青的植物之间，

开花植物开始绽放花苞，苹果树上也开满了白色的花朵。

在牧场上，一群群羊正在刚发出嫩芽的草地上悠闲地吃着草。

到处弥漫着春天奇妙的气息。

午后的时光匆匆溜走,
太阳开始从西边落下,
地上的影子逐渐拉长,
就在太阳即将落下的时候,
它变得火红火红的,
将天空和大地都染成了明亮的粉红色。
紧接着,一轮银白色的新月高挂在天边,
青蛙在小溪边唱起了春天的歌。

新月落了下去,黑夜降临了。
星星一个接一个地冒出了头——
千千万万颗星星,距离我们有亿万英里远。
北斗七星高挂在春日晴朗的夜空中,
和位置稳定的北极星遥遥相向。
天边的地平线上闪烁着银河的光芒。
在屋里,时钟的指针告诉我们,
又一天过去了,新的一天开始了。

现在是黎明时分——新的一天的黎明，
春季美好的一天就要开始了。
每一分钟东方都变得越来越亮，
从冷灰色变成深蓝色，又变成淡淡的粉红色。
鸟儿们在欢快地歌唱着，等待着太阳再次升起。
从窗户往下看去，绿色的草地上有一只刚出生的小羊。
现在，我就把这个故事转交给你吧，
你到窗户那里往外看，用不了多长时间，
你就会看到太阳升起来了。

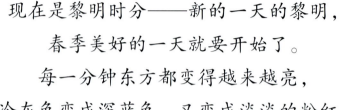

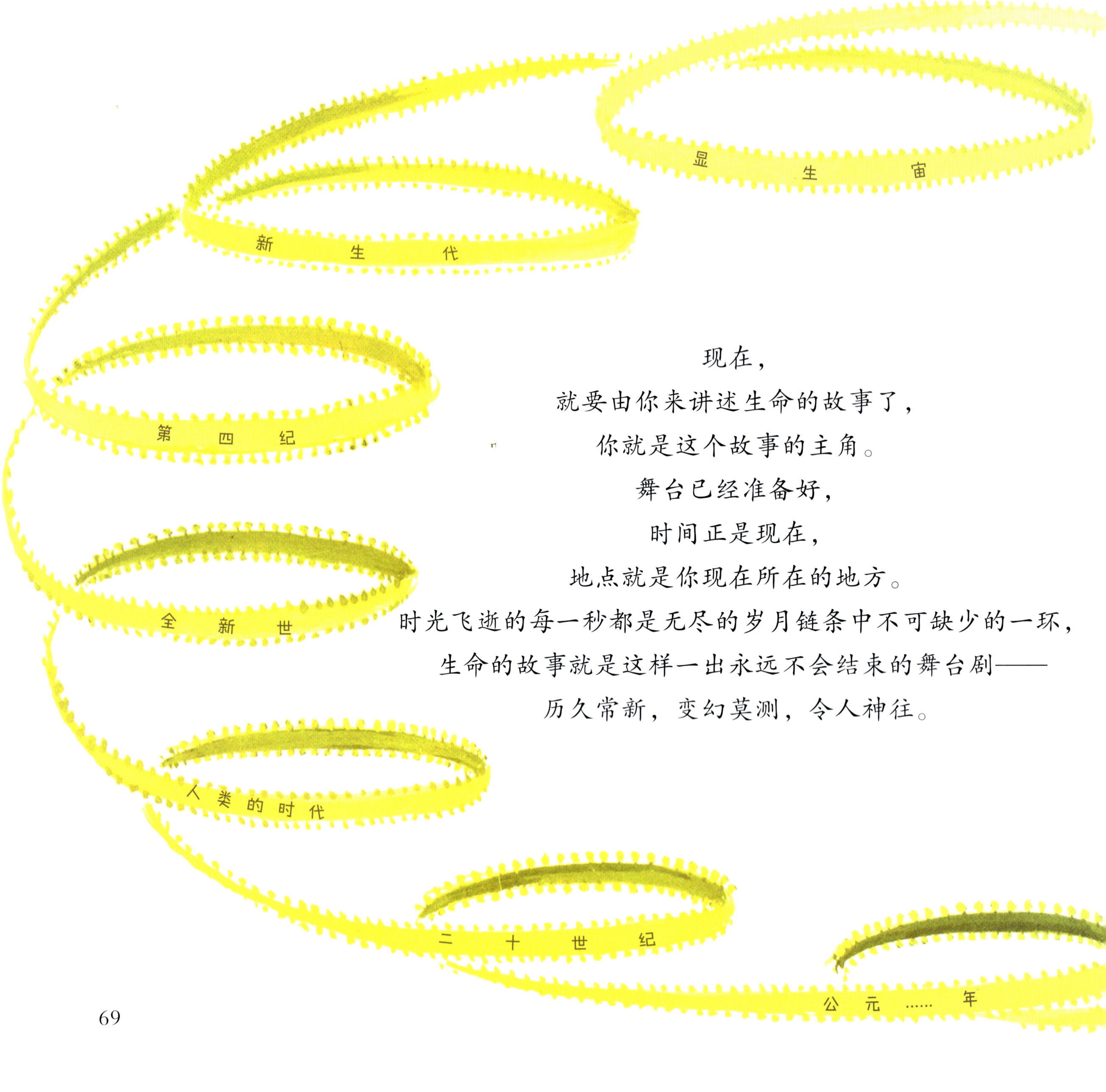

显生宙

新生代

第四纪

全新世

人类的时代

二十世纪

公元……年

现在，
就要由你来讲述生命的故事了，
你就是这个故事的主角。
舞台已经准备好，
时间正是现在，
地点就是你现在所在的地方。
时光飞逝的每一秒都是无尽的岁月链条中不可缺少的一环，
生命的故事就是这样一出永远不会结束的舞台剧——
历久常新，变幻莫测，令人神往。